Renate & Uwe H. Sültz

Bücher von A bis Z

AF219057

Das geführte 5 Minuten Tagebuch für den Winter

Mein Name:

Meine Daten:

Sültz Bücher

BoD - Books on Demand

Norderstedt, Germany 2020

Bibliografische Information durch die Deutsche Nationalbibliothek

Die Deutsche Nationalbibliothek verzeichnet diese Publikation in der Deutschen Nationalbibliografie; detaillierte bibliografische Daten sind im Internet über http://dnb.dnb.de abrufbar.

Dieses 5 Minuten Tagebuch ist ein geführtes Tagebuch zum Ankreuzen und Ausfüllen! Sie benötigen mehr Seiten zum Selbstschreiben? Dann schauen Sie sich doch einmal unsere weiteren Tagebücher an!

© 2020 Renate Sültz & Uwe H. Sültz

Herstellung und Verlag: BoD – Books on Demand, Norderstedt, Germany

ISBN 9-78375-2-80249-8

Um zur Ruhe zu kommen,
sollten wir unser Leben entschleu-
nigen. Einmal eine gewisse Zeit
das Smartphone zur Seite legen.
Wir sollten uns überlegen,
was wirklich wichtig ist, was uns
gut tut und wie wir zur Ruhe kommen.

ES IST DEIN LEBEN -

ES IST DEINE ZEIT -

ES IST EIN KOSTBARES GESCHENK!

Erkenntnisse, die gewonnen werden, sollten notiert werden.
Damit sie morgen nachgelesen werden können und
in Zukunft gültig sind!
Denn wenn ich heute auf meine Gedanken achte,
werden morgen gute Tate folgen!

Dieses geführte Tagebuch soll dabei helfen zur Ruhe
zu kommen, zu lernen und zu analysieren.
Am Ende des Tages, am Ende vieler Tage, am Ende des
Winters siehst Du, ob die erlebten Tage positiv waren
oder ob etwas verändert werden könnte.

Nach dem Winter kommt der Frühling, dann der Sommer
und dann der Herbst - alles als Tagebuch erhältlich!

Datum _____   erledigt

Meine Aufgaben heute _____

_____

_____

Der Tag könnte mich überraschen mit

_____

_____

So beginne ich den Tag   ● tolles Gefühl
● gut gelaunt   ● glücklich   ● unwohl   ● zufrieden

● _____   ● _____

Der Tag endet nun. Ich fühle mich   ● wohl/gut/zufrieden
● erschöpft   ● unzufrieden   ● _____

Was ist heute geschehen? _____

_____

_____

_____

Was hätte ich besser machen können? _____

_____

Was war richtig toll heute? _____

_____

_____

Meine Erkenntnisse/was ändere ich ab morgen/demnächst _____

_____

_____

Alles in allem war es ein guter Tag, an den ich mich gern erinnere?
JA ●   es geht so ●   NEIN ●   ich bin glücklich ●

Datum _____

Meine Aufgaben heute _____

_____

_____

Der Tag könnte mich überraschen mit

_____

_____

So beginne ich den Tag   ○ tolles Gefühl

○ gut gelaunt   ○ glücklich   ○ unwohl   ○ zufrieden

○ _____   ○ _____

Der Tag endet nun. Ich fühle mich ○ wohl/gut/zufrieden

○ erschöpft   ○ unzufrieden ○ _____

Was ist heute geschehen? _____

_____

_____

_____

Was hätte ich besser machen können? _____

_____

Was war richtig toll heute? _____

_____

_____

_____

Meine Erkenntnisse/was ändere ich ab morgen/demnächst _____

_____

_____

Alles in allem war es ein guter Tag, an den ich mich gern erinnere?

JA ○   es geht so ○   NEIN ○   ich bin glücklich ○

Datum _____   erledigt

Meine Aufgaben heute _____
_____ ◯
_____ ◯
                                                   ◯

Der Tag könnte mich überraschen mit

_____
_____

So beginne ich den Tag   ◯ tolles Gefühl
◯ gut gelaunt   ◯ glücklich   ◯ unwohl   ◯ zufrieden

◯ _____   ◯ _____

Der Tag endet nun. Ich fühle mich ◯ wohl/gut/zufrieden
◯ erschöpft   ◯ unzufrieden ◯ _____

Was ist heute geschehen? _____
_____
_____
_____

Was hätte ich besser machen können? _____
_____

Was war richtig toll heute? _____
_____
_____

Meine Erkenntnisse/was ändere ich ab morgen/demnächst _____
_____
_____

Alles in allem war es ein guter Tag, an den ich mich gern erinnere?
JA ◯   es geht so ◯   NEIN ◯   ich bin glücklich ◯

Datum _____   erledigt

Meine Aufgaben heute _____

_____ ○

_____ ○

                                                                  ○

Der Tag könnte mich überraschen mit

_____

_____

So beginne ich den Tag   ○ tolles Gefühl

○ gut gelaunt   ○ glücklich   ○ unwohl   ○ zufrieden

○ _____   ○ _____

Der Tag endet nun. Ich fühle mich ○ wohl/gut/zufrieden

○ erschöpft   ○ unzufrieden ○ _____

Was ist heute geschehen? _____

_____

_____

_____

Was hätte ich besser machen können? _____

_____

Was war richtig toll heute? _____

_____

_____

_____

Meine Erkenntnisse/was ändere ich ab morgen/demnächst _____

_____

_____

Alles in allem war es ein guter Tag, an den ich mich gern erinnere?

JA ○   es geht so ○   NEIN ○   ich bin glücklich ○

Datum _____   erledigt

Meine Aufgaben heute _____

_____

_____

Der Tag könnte mich überraschen mit

_____

_____

So beginne ich den Tag   ⬤ tolles Gefühl
⬤ gut gelaunt   ⬤ glücklich   ⬤ unwohl   ⬤ zufrieden

⬤ _____   ⬤ _____

Der Tag endet nun. Ich fühle mich ⬤ wohl/gut/zufrieden
⬤ erschöpft   ⬤ unzufrieden ⬤ _____

Was ist heute geschehen? _____

_____

_____

_____

Was hätte ich besser machen können? _____

_____

Was war richtig toll heute? _____

_____

_____

_____

Meine Erkenntnisse/was ändere ich ab morgen/demnächst _____

_____

_____

Alles in allem war es ein guter Tag, an den ich mich gern erinnere?
JA ⬤   es geht so ⬤   NEIN ⬤   ich bin glücklich ⬤

Datum _____   erledigt

Meine Aufgaben heute _____

_____

_____

Der Tag könnte mich überraschen mit

_____

_____

So beginne ich den Tag   ○ tolles Gefühl
○ gut gelaunt   ○ glücklich   ○ unwohl   ○ zufrieden

○ _____   ○ _____

Der Tag endet nun. Ich fühle mich ○ wohl/gut/zufrieden
○ erschöpft   ○ unzufrieden ○ _____

Was ist heute geschehen? _____

_____

_____

_____

Was hätte ich besser machen können? _____

_____

Was war richtig toll heute? _____

_____

_____

_____

Meine Erkenntnisse/was ändere ich ab morgen/demnächst _____

_____

_____

Alles in allem war es ein guter Tag, an den ich mich gern erinnere?
JA ○   es geht so ○   NEIN ○   ich bin glücklich ○

Datum _____   erledigt

Meine Aufgaben heute _____

_____

_____

Der Tag könnte mich überraschen mit

_____

_____

So beginne ich den Tag   tolles Gefühl

● gut gelaunt   ● glücklich   ● unwohl   ● zufrieden

● _____   ● _____

Der Tag endet nun. Ich fühle mich ● wohl/gut/zufrieden

● erschöpft   ● unzufrieden ● _____

Was ist heute geschehen? _____

_____

_____

_____

Was hätte ich besser machen können? _____

_____

Was war richtig toll heute? _____

_____

_____

_____

Meine Erkenntnisse/was ändere ich ab morgen/demnächst _____

_____

_____

Alles in allem war es ein guter Tag, an den ich mich gern erinnere?

JA ●   es geht so ●   NEIN ●   ich bin glücklich ●

Datum _____   erledigt

Meine Aufgaben heute _____

_____

_____

Der Tag könnte mich überraschen mit

_____

_____

So beginne ich den Tag   ○ tolles Gefühl

○ gut gelaunt   ○ glücklich   ○ unwohl   ○ zufrieden

○ _____   ○ _____

Der Tag endet nun. Ich fühle mich ○ wohl/gut/zufrieden

○ erschöpft   ○ unzufrieden   ○ _____

Was ist heute geschehen? _____

_____

_____

Was hätte ich besser machen können? _____

_____

Was war richtig toll heute? _____

_____

_____

Meine Erkenntnisse/was ändere ich ab morgen/demnächst _____

_____

_____

Alles in allem war es ein guter Tag, an den ich mich gern erinnere?

JA ○   es geht so ○   NEIN ○   ich bin glücklich ○

Datum _____

Meine Aufgaben heute _____

_____

_____

erledigt

Der Tag könnte mich überraschen mit

_____

_____

So beginne ich den Tag   tolles Gefühl

gut gelaunt   glücklich   unwohl   zufrieden

_____   _____

Der Tag endet nun. Ich fühle mich   wohl/gut/zufrieden

erschöpft   unzufrieden   _____

Was ist heute geschehen? _____

_____

_____

_____

Was hätte ich besser machen können? _____

_____

Was war richtig toll heute? _____

_____

_____

_____

Meine Erkenntnisse/was ändere ich ab morgen/demnächst _____

_____

_____

Alles in allem war es ein guter Tag, an den ich mich gern erinnere?

JA   es geht so   NEIN   ich bin glücklich

Datum _____

Meine Aufgaben heute _____

_____

_____

Der Tag könnte mich überraschen mit

_____

_____

So beginne ich den Tag   ● tolles Gefühl

● gut gelaunt   ● glücklich   ● unwohl   ● zufrieden

● _____   ● _____

Der Tag endet nun. Ich fühle mich ● wohl/gut/zufrieden

● erschöpft   ● unzufrieden ● _____

Was ist heute geschehen? _____

_____

_____

_____

Was hätte ich besser machen können? _____

_____

Was war richtig toll heute? _____

_____

_____

_____

Meine Erkenntnisse/was ändere ich ab morgen/demnächst _____

_____

_____

Alles in allem war es ein guter Tag, an den ich mich gern erinnere?

JA ●   es geht so ●   NEIN ●   ich bin glücklich ●

Datum _____

Meine Aufgaben heute _____

_____

_____

erledigt

Der Tag könnte mich überraschen mit

_____

_____

So beginne ich den Tag ○ tolles Gefühl

○ gut gelaunt ○ glücklich ○ unwohl ○ zufrieden

○ _____ ○ _____

Der Tag endet nun. Ich fühle mich ○ wohl/gut/zufrieden

○ erschöpft ○ unzufrieden ○ _____

Was ist heute geschehen? _____

_____

_____

_____

Was hätte ich besser machen können? _____

_____

Was war richtig toll heute? _____

_____

_____

_____

Meine Erkenntnisse/was ändere ich ab morgen/demnächst _____

_____

_____

Alles in allem war es ein guter Tag, an den ich mich gern erinnere?

JA ○ es geht so ○ NEIN ○ ich bin glücklich ○

Datum _____   erledigt

Meine Aufgaben heute _____

_____

_____

Der Tag könnte mich überraschen mit

_____

_____

So beginne ich den Tag   ○ tolles Gefühl

○ gut gelaunt   ○ glücklich   ○ unwohl   ○ zufrieden

○ _____   ○ _____

Der Tag endet nun. Ich fühle mich ○ wohl/gut/zufrieden

○ erschöpft   ○ unzufrieden ○ _____

Was ist heute geschehen? _____

_____

_____

_____

Was hätte ich besser machen können? _____

_____

Was war richtig toll heute? _____

_____

_____

_____

Meine Erkenntnisse/was ändere ich ab morgen/demnächst _____

_____

_____

Alles in allem war es ein guter Tag, an den ich mich gern erinnere?

JA ○   es geht so ○   NEIN ○   ich bin glücklich ○

Datum _____   erledigt

Meine Aufgaben heute _____

_____ ◯

_____ ◯

                                                     ◯

Der Tag könnte mich überraschen mit

_____

_____

So beginne ich den Tag   ◯ tolles Gefühl
◯ gut gelaunt   ◯ glücklich   ◯ unwohl   ◯ zufrieden

◯ _____   ◯ _____

Der Tag endet nun. Ich fühle mich ◯ wohl/gut/zufrieden
◯ erschöpft   ◯ unzufrieden ◯ _____

Was ist heute geschehen? _____

_____

_____

_____

Was hätte ich besser machen können? _____

_____

Was war richtig toll heute? _____

_____

_____

_____

Meine Erkenntnisse/was ändere ich ab morgen/demnächst _____

_____

_____

Alles in allem war es ein guter Tag, an den ich mich gern erinnere?
JA ◯   es geht so ◯   NEIN ◯   ich bin glücklich ◯

Datum _____   erledigt

Meine Aufgaben heute _____

_____ ○

_____ ○

                                                                 ○

Der Tag könnte mich überraschen mit

_____

_____

So beginne ich den Tag   ○ tolles Gefühl

○ gut gelaunt   ○ glücklich   ○ unwohl   ○ zufrieden

○ _____   ○ _____

Der Tag endet nun. Ich fühle mich ○ wohl/gut/zufrieden

○ erschöpft   ○ unzufrieden ○ _____

Was ist heute geschehen? _____

_____

_____

_____

Was hätte ich besser machen können? _____

_____

Was war richtig toll heute? _____

_____

_____

_____

Meine Erkenntnisse/was ändere ich ab morgen/demnächst _____

_____

_____

Alles in allem war es ein guter Tag, an den ich mich gern erinnere?

JA ○   es geht so ○   NEIN ○   ich bin glücklich ○

Datum _____   erledigt

Meine Aufgaben heute _____

_____

_____

Der Tag könnte mich überraschen mit

_____

_____

So beginne ich den Tag   ● tolles Gefühl

● gut gelaunt   ● glücklich   ● unwohl   ● zufrieden

● _____   ● _____

Der Tag endet nun. Ich fühle mich ● wohl/gut/zufrieden

● erschöpft   ● unzufrieden   ● _____

Was ist heute geschehen? _____

_____

_____

_____

Was hätte ich besser machen können? _____

_____

Was war richtig toll heute? _____

_____

_____

_____

Meine Erkenntnisse/was ändere ich ab morgen/demnächst _____

_____

_____

Alles in allem war es ein guter Tag, an den ich mich gern erinnere?

JA ●   es geht so ●   NEIN ●   ich bin glücklich ●

Datum _____   erledigt

Meine Aufgaben heute _____

_____

_____

Der Tag könnte mich überraschen mit

_____

_____

So beginne ich den Tag   tolles Gefühl

⚪ gut gelaunt   ⚪ glücklich   ⚪ unwohl   ⚪ zufrieden

⚪ _____   ⚪ _____

Der Tag endet nun. Ich fühle mich ⚪ wohl/gut/zufrieden

⚪ erschöpft   ⚪ unzufrieden ⚪ _____

Was ist heute geschehen? _____

_____

_____

Was hätte ich besser machen können? _____

_____

Was war richtig toll heute? _____

_____

_____

Meine Erkenntnisse/was ändere ich ab morgen/demnächst _____

_____

_____

Alles in allem war es ein guter Tag, an den ich mich gern erinnere?

JA ⚪   es geht so ⚪   NEIN ⚪   ich bin glücklich ⚪

Datum _____

Meine Aufgaben heute _____

_____

_____

erledigt

Der Tag könnte mich überraschen mit

_____

_____

So beginne ich den Tag ◯ tolles Gefühl
◯ gut gelaunt ◯ glücklich ◯ unwohl ◯ zufrieden
◯ _____ ◯ _____

Der Tag endet nun. Ich fühle mich ◯ wohl/gut/zufrieden
◯ erschöpft ◯ unzufrieden ◯ _____

Was ist heute geschehen? _____

_____

_____

_____

Was hätte ich besser machen können? _____

_____

Was war richtig toll heute? _____

_____

_____

_____

Meine Erkenntnisse/was ändere ich ab morgen/demnächst _____

_____

_____

Alles in allem war es ein guter Tag, an den ich mich gern erinnere?
JA ◯   es geht so ◯   NEIN ◯   ich bin glücklich ◯

Datum _____

Meine Aufgaben heute _____

_____

_____

erledigt

Der Tag könnte mich überraschen mit

_____

_____

So beginne ich den Tag   ○ tolles Gefühl
○ gut gelaunt   ○ glücklich   ○ unwohl   ○ zufrieden
○ _____   ○ _____

Der Tag endet nun. Ich fühle mich ○ wohl/gut/zufrieden
○ erschöpft   ○ unzufrieden   ○ _____

Was ist heute geschehen? _____

_____

_____

_____

Was hätte ich besser machen können? _____

_____

Was war richtig toll heute? _____

_____

_____

_____

Meine Erkenntnisse/was ändere ich ab morgen/demnächst _____

_____

_____

Alles in allem war es ein guter Tag, an den ich mich gern erinnere?
JA ○   es geht so ○   NEIN ○   ich bin glücklich ○

Datum _____

Meine Aufgaben heute _____

_____

_____

Der Tag könnte mich überraschen mit

_____

_____

So beginne ich den Tag   ⬤ tolles Gefühl
⬤ gut gelaunt   ⬤ glücklich   ⬤ unwohl   ⬤ zufrieden
⬤ _____   ⬤ _____

Der Tag endet nun. Ich fühle mich ⬤ wohl/gut/zufrieden
⬤ erschöpft   ⬤ unzufrieden ⬤ _____

Was ist heute geschehen? _____

_____

_____

_____

Was hätte ich besser machen können? _____

_____

Was war richtig toll heute? _____

_____

_____

_____

Meine Erkenntnisse/was ändere ich ab morgen/demnächst _____

_____

_____

Alles in allem war es ein guter Tag, an den ich mich gern erinnere?
JA ⬤   es geht so ⬤   NEIN ⬤   ich bin glücklich ⬤

Datum _____

Meine Aufgaben heute _____

_____

_____

erledigt

Der Tag könnte mich überraschen mit

_____

_____

So beginne ich den Tag   tolles Gefühl

  gut gelaunt   glücklich   unwohl   zufrieden

  _____   _____

Der Tag endet nun. Ich fühle mich   wohl/gut/zufrieden

  erschöpft   unzufrieden   _____

Was ist heute geschehen? _____

_____

_____

_____

Was hätte ich besser machen können? _____

_____

Was war richtig toll heute? _____

_____

_____

_____

Meine Erkenntnisse/was ändere ich ab morgen/demnächst _____

_____

_____

Alles in allem war es ein guter Tag, an den ich mich gern erinnere?

JA   es geht so   NEIN   ich bin glücklich

Datum _____

Meine Aufgaben heute _____

_____

_____

erledigt

Der Tag könnte mich überraschen mit

_____

_____

So beginne ich den Tag ● tolles Gefühl
● gut gelaunt ● glücklich ● unwohl ● zufrieden

_____ ● _____

Der Tag endet nun. Ich fühle mich ● wohl/gut/zufrieden
● erschöpft ● unzufrieden ● _____

Was ist heute geschehen? _____

_____

_____

_____

Was hätte ich besser machen können? _____

_____

Was war richtig toll heute? _____

_____

_____

_____

Meine Erkenntnisse/was ändere ich ab morgen/demnächst _____

_____

_____

Alles in allem war es ein guter Tag, an den ich mich gern erinnere?
JA ● es geht so ● NEIN ● ich bin glücklich ●

Datum _____

Meine Aufgaben heute _____

_____

_____

Der Tag könnte mich überraschen mit

_____

_____

So beginne ich den Tag   ○ tolles Gefühl

○ gut gelaunt   ○ glücklich   ○ unwohl   ○ zufrieden

○ _____   ○ _____

Der Tag endet nun. Ich fühle mich   ○ wohl/gut/zufrieden

○ erschöpft   ○ unzufrieden   ○ _____

Was ist heute geschehen? _____

_____

_____

_____

Was hätte ich besser machen können? _____

_____

Was war richtig toll heute? _____

_____

_____

_____

Meine Erkenntnisse/was ändere ich ab morgen/demnächst _____

_____

_____

Alles in allem war es ein guter Tag, an den ich mich gern erinnere?

JA ○   es geht so ○   NEIN ○   ich bin glücklich ○

Datum _____

Meine Aufgaben heute _____

_____

_____

Der Tag könnte mich überraschen mit

_____

_____

So beginne ich den Tag   ○ tolles Gefühl
○ gut gelaunt   ○ glücklich   ○ unwohl   ○ zufrieden

○ _____   ○ _____

Der Tag endet nun. Ich fühle mich ○ wohl/gut/zufrieden
○ erschöpft   ○ unzufrieden ○ _____

Was ist heute geschehen? _____

_____

_____

Was hätte ich besser machen können? _____

_____

Was war richtig toll heute? _____

_____

_____

Meine Erkenntnisse/was ändere ich ab morgen/demnächst _____

_____

Alles in allem war es ein guter Tag, an den ich mich gern erinnere?
JA ○   es geht so ○   NEIN ○   ich bin glücklich ○

Datum _____

Meine Aufgaben heute _____

_____

_____

erledigt

Der Tag könnte mich überraschen mit

_____

_____

So beginne ich den Tag ● tolles Gefühl
● gut gelaunt ● glücklich ● unwohl ● zufrieden
● _____ ● _____

Der Tag endet nun. Ich fühle mich ● wohl/gut/zufrieden
● erschöpft ● unzufrieden ● _____

Was ist heute geschehen? _____

_____

_____

_____

Was hätte ich besser machen können? _____

_____

Was war richtig toll heute? _____

_____

_____

_____

Meine Erkenntnisse/was ändere ich ab morgen/demnächst _____

_____

_____

Alles in allem war es ein guter Tag, an den ich mich gern erinnere?
JA ● es geht so ● NEIN ● ich bin glücklich ●

Datum _____

Meine Aufgaben heute _____

_____

_____

Der Tag könnte mich überraschen mit

_____

_____

So beginne ich den Tag   ⬤ tolles Gefühl

⬤ gut gelaunt   ⬤ glücklich   ⬤ unwohl   ⬤ zufrieden

⬤ _____   ⬤ _____

Der Tag endet nun. Ich fühle mich ⬤ wohl/gut/zufrieden

⬤ erschöpft   ⬤ unzufrieden ⬤ _____

Was ist heute geschehen? _____

_____

_____

_____

Was hätte ich besser machen können? _____

_____

Was war richtig toll heute? _____

_____

_____

_____

Meine Erkenntnisse/was ändere ich ab morgen/demnächst _____

_____

_____

Alles in allem war es ein guter Tag, an den ich mich gern erinnere?

JA ⬤   es geht so ⬤   NEIN ⬤   ich bin glücklich ⬤

Datum _____   erledigt

Meine Aufgaben heute _____

_____

_____

Der Tag könnte mich überraschen mit

_____

_____

So beginne ich den Tag   ◯ tolles Gefühl
◯ gut gelaunt   ◯ glücklich   ◯ unwohl   ◯ zufrieden

◯ _____   ◯ _____

Der Tag endet nun. Ich fühle mich ◯ wohl/gut/zufrieden
◯ erschöpft   ◯ unzufrieden   ◯ _____

Was ist heute geschehen? _____

_____

_____

Was hätte ich besser machen können? _____

_____

Was war richtig toll heute? _____

_____

_____

_____

Meine Erkenntnisse/was ändere ich ab morgen/demnächst _____

_____

_____

Alles in allem war es ein guter Tag, an den ich mich gern erinnere?
JA ◯   es geht so ◯   NEIN ◯   ich bin glücklich ◯

Datum _____   erledigt

Meine Aufgaben heute _____

_____

_____

Der Tag könnte mich überraschen mit

_____

_____

So beginne ich den Tag   ● tolles Gefühl

● gut gelaunt   ● glücklich   ● unwohl   ● zufrieden

● _____   ● _____

Der Tag endet nun. Ich fühle mich   ● wohl/gut/zufrieden

● erschöpft   ● unzufrieden   ● _____

Was ist heute geschehen? _____

_____

_____

_____

Was hätte ich besser machen können? _____

_____

Was war richtig toll heute? _____

_____

_____

Meine Erkenntnisse/was ändere ich ab morgen/demnächst _____

_____

_____

Alles in allem war es ein guter Tag, an den ich mich gern erinnere?

JA ●   es geht so ●   NEIN ●   ich bin glücklich ●

Datum _____

erledigt

Meine Aufgaben heute _____

_____

_____

Der Tag könnte mich überraschen mit

_____

_____

So beginne ich den Tag   ○ tolles Gefühl
○ gut gelaunt   ○ glücklich   ○ unwohl   ○ zufrieden
○ _____   ○ _____

Der Tag endet nun. Ich fühle mich ○ wohl/gut/zufrieden
○ erschöpft   ○ unzufrieden ○ _____

Was ist heute geschehen? _____

_____

_____

_____

Was hätte ich besser machen können? _____

_____

Was war richtig toll heute? _____

_____

_____

_____

Meine Erkenntnisse/was ändere ich ab morgen/demnächst _____

_____

_____

Alles in allem war es ein guter Tag, an den ich mich gern erinnere?
JA ○   es geht so ○   NEIN ○   ich bin glücklich ○

Datum _____

Meine Aufgaben heute _____

_____

_____

erledigt

Der Tag könnte mich überraschen mit

_____

_____

So beginne ich den Tag   tolles Gefühl

gut gelaunt   glücklich   unwohl   zufrieden

_____   _____

Der Tag endet nun. Ich fühle mich   wohl/gut/zufrieden

erschöpft   unzufrieden   _____

Was ist heute geschehen? _____

_____

_____

_____

Was hätte ich besser machen können? _____

_____

Was war richtig toll heute? _____

_____

_____

_____

Meine Erkenntnisse/was ändere ich ab morgen/demnächst _____

_____

_____

Alles in allem war es ein guter Tag, an den ich mich gern erinnere?

JA   es geht so   NEIN   ich bin glücklich

Datum _____   erledigt

Meine Aufgaben heute _____

_____

_____

Der Tag könnte mich überraschen mit

_____

_____

So beginne ich den Tag   ◯ tolles Gefühl
◯ gut gelaunt   ◯ glücklich   ◯ unwohl   ◯ zufrieden

◯ _____   ◯ _____

Der Tag endet nun. Ich fühle mich   ◯ wohl/gut/zufrieden
◯ erschöpft   ◯ unzufrieden   ◯ _____

Was ist heute geschehen? _____

_____

_____

Was hätte ich besser machen können? _____

_____

Was war richtig toll heute? _____

_____

_____

Meine Erkenntnisse/was ändere ich ab morgen/demnächst _____

_____

_____

Alles in allem war es ein guter Tag, an den ich mich gern erinnere?
JA ◯   es geht so ◯   NEIN ◯   ich bin glücklich ◯

Datum _____ erledigt

Meine Aufgaben heute _____

_____ ●

_____ ●

Der Tag könnte mich überraschen mit ●

_____

_____

So beginne ich den Tag ● tolles Gefühl

● gut gelaunt ● glücklich ● unwohl ● zufrieden

● _____ ● _____

Der Tag endet nun. Ich fühle mich ● wohl/gut/zufrieden

● erschöpft ● unzufrieden ● _____

Was ist heute geschehen? _____

_____

_____

_____

Was hätte ich besser machen können? _____

_____

Was war richtig toll heute? _____

_____

_____

_____

Meine Erkenntnisse/was ändere ich ab morgen/demnächst _____

_____

_____

Alles in allem war es ein guter Tag, an den ich mich gern erinnere?

JA ● es geht so ● NEIN ● ich bin glücklich ●

Datum _____

erledigt

Meine Aufgaben heute _____

_____

_____

Der Tag könnte mich überraschen mit

_____

_____

So beginne ich den Tag ● tolles Gefühl

● gut gelaunt ● glücklich ● unwohl ● zufrieden

● _____ ● _____

Der Tag endet nun. Ich fühle mich ● wohl/gut/zufrieden

● erschöpft ● unzufrieden ● _____

Was ist heute geschehen? _____

_____

_____

_____

Was hätte ich besser machen können? _____

_____

Was war richtig toll heute? _____

_____

_____

_____

Meine Erkenntnisse/was ändere ich ab morgen/demnächst _____

_____

_____

Alles in allem war es ein guter Tag, an den ich mich gern erinnere?

JA ● es geht so ● NEIN ● ich bin glücklich ●

Datum _____   erledigt

Meine Aufgaben heute _____

_____   ●

_____   ●

                                                     ●

Der Tag könnte mich überraschen mit

_____

_____

So beginne ich den Tag   ● tolles Gefühl

● gut gelaunt   ● glücklich   ● unwohl   ● zufrieden

● _____   ● _____

Der Tag endet nun. Ich fühle mich ● wohl/gut/zufrieden

● erschöpft   ● unzufrieden ● _____

Was ist heute geschehen? _____

_____

_____

Was hätte ich besser machen können? _____

_____

Was war richtig toll heute? _____

_____

_____

Meine Erkenntnisse/was ändere ich ab morgen/demnächst _____

_____

_____

Alles in allem war es ein guter Tag, an den ich mich gern erinnere?

JA ●   es geht so ●   NEIN ●   ich bin glücklich ●

Datum _____

Meine Aufgaben heute _____

_____

_____

Der Tag könnte mich überraschen mit

_____

_____

So beginne ich den Tag ○ tolles Gefühl

○ gut gelaunt ○ glücklich ○ unwohl ○ zufrieden

○ _____ ○ _____

Der Tag endet nun. Ich fühle mich ○ wohl/gut/zufrieden

○ erschöpft ○ unzufrieden ○ _____

Was ist heute geschehen? _____

_____

_____

_____

Was hätte ich besser machen können? _____

_____

Was war richtig toll heute? _____

_____

_____

_____

Meine Erkenntnisse/was ändere ich ab morgen/demnächst _____

_____

_____

Alles in allem war es ein guter Tag, an den ich mich gern erinnere?

JA ○   es geht so ○   NEIN ○   ich bin glücklich ○

Datum _____   erledigt

Meine Aufgaben heute _____

_____

_____

Der Tag könnte mich überraschen mit

_____

_____

So beginne ich den Tag   ○ tolles Gefühl
○ gut gelaunt   ○ glücklich   ○ unwohl   ○ zufrieden

○ _____   ○ _____

Der Tag endet nun. Ich fühle mich   ○ wohl/gut/zufrieden
○ erschöpft   ○ unzufrieden   ○ _____

Was ist heute geschehen? _____

_____

_____

_____

Was hätte ich besser machen können? _____

_____

Was war richtig toll heute? _____

_____

_____

_____

Meine Erkenntnisse/was ändere ich ab morgen/demnächst _____

_____

_____

Alles in allem war es ein guter Tag, an den ich mich gern erinnere?
JA ○   es geht so ○   NEIN ○   ich bin glücklich ○

Datum _____   erledigt

Meine Aufgaben heute _____

_____

_____

Der Tag könnte mich überraschen mit

_____

_____

So beginne ich den Tag   ○ tolles Gefühl
○ gut gelaunt   ○ glücklich   ○ unwohl   ○ zufrieden

○ _____   ○ _____

Der Tag endet nun. Ich fühle mich ○ wohl/gut/zufrieden
○ erschöpft   ○ unzufrieden   ○ _____

Was ist heute geschehen? _____

_____

_____

Was hätte ich besser machen können? _____

_____

Was war richtig toll heute? _____

_____

_____

Meine Erkenntnisse/was ändere ich ab morgen/demnächst _____

_____

_____

Alles in allem war es ein guter Tag, an den ich mich gern erinnere?
JA ○   es geht so ○   NEIN ○   ich bin glücklich ○

Datum _____

Meine Aufgaben heute _____

_____

_____

Der Tag könnte mich überraschen mit

_____

_____

So beginne ich den Tag ● tolles Gefühl

● gut gelaunt ● glücklich ● unwohl ● zufrieden

● _____ ● _____

Der Tag endet nun. Ich fühle mich ● wohl/gut/zufrieden

● erschöpft ● unzufrieden ● _____

Was ist heute geschehen? _____

_____

_____

Was hätte ich besser machen können? _____

_____

Was war richtig toll heute? _____

_____

_____

Meine Erkenntnisse/was ändere ich ab morgen/demnächst _____

_____

_____

Alles in allem war es ein guter Tag, an den ich mich gern erinnere?

JA ●   es geht so ●   NEIN ●   ich bin glücklich ●

Datum _____   erledigt

Meine Aufgaben heute _____

_____

_____

Der Tag könnte mich überraschen mit

_____

_____

So beginne ich den Tag   ◯ tolles Gefühl
◯ gut gelaunt   ◯ glücklich   ◯ unwohl   ◯ zufrieden

◯ _____   ◯ _____

Der Tag endet nun. Ich fühle mich   ◯ wohl/gut/zufrieden
◯ erschöpft   ◯ unzufrieden   ◯ _____

Was ist heute geschehen? _____

_____

_____

_____

Was hätte ich besser machen können? _____

_____

Was war richtig toll heute? _____

_____

_____

_____

Meine Erkenntnisse/was ändere ich ab morgen/demnächst _____

_____

_____

Alles in allem war es ein guter Tag, an den ich mich gern erinnere?
JA ◯   es geht so ◯   NEIN ◯   ich bin glücklich ◯

Datum _____   erledigt

Meine Aufgaben heute _____
_____
_____

Der Tag könnte mich überraschen mit

_____
_____

So beginne ich den Tag   tolles Gefühl
gut gelaunt   glücklich   unwohl   zufrieden

_____   _____

Der Tag endet nun. Ich fühle mich   wohl/gut/zufrieden
erschöpft   unzufrieden   _____

Was ist heute geschehen? _____
_____
_____
_____

Was hätte ich besser machen können? _____
_____

Was war richtig toll heute? _____
_____
_____
_____

Meine Erkenntnisse/was ändere ich ab morgen/demnächst _____
_____
_____

Alles in allem war es ein guter Tag, an den ich mich gern erinnere?
JA   es geht so   NEIN   ich bin glücklich

Datum _____   erledigt

Meine Aufgaben heute _____

_____

_____

Der Tag könnte mich überraschen mit

_____

_____

So beginne ich den Tag   tolles Gefühl

gut gelaunt   glücklich   unwohl   zufrieden

_____   _____

Der Tag endet nun. Ich fühle mich   wohl/gut/zufrieden

erschöpft   unzufrieden   _____

Was ist heute geschehen? _____

_____

_____

_____

Was hätte ich besser machen können? _____

_____

Was war richtig toll heute? _____

_____

_____

Meine Erkenntnisse/was ändere ich ab morgen/demnächst _____

_____

_____

Alles in allem war es ein guter Tag, an den ich mich gern erinnere?

JA   es geht so   NEIN   ich bin glücklich

Datum _____

erledigt

Meine Aufgaben heute _____

_____

_____

Der Tag könnte mich überraschen mit

_____

_____

So beginne ich den Tag   ○ tolles Gefühl
○ gut gelaunt   ○ glücklich   ○ unwohl   ○ zufrieden

○ _____   ○ _____

Der Tag endet nun. Ich fühle mich   ○ wohl/gut/zufrieden
○ erschöpft   ○ unzufrieden   ○ _____

Was ist heute geschehen? _____

_____

_____

Was hätte ich besser machen können? _____

_____

Was war richtig toll heute? _____

_____

_____

Meine Erkenntnisse/was ändere ich ab morgen/demnächst _____

_____

_____

Alles in allem war es ein guter Tag, an den ich mich gern erinnere?
JA ○   es geht so ○   NEIN ○   ich bin glücklich ○

Datum _____   erledigt

Meine Aufgaben heute _____

_____

_____

Der Tag könnte mich überraschen mit

_____

_____

So beginne ich den Tag   ○ tolles Gefühl

○ gut gelaunt   ○ glücklich   ○ unwohl   ○ zufrieden

○ _____   ○ _____

Der Tag endet nun. Ich fühle mich   ○ wohl/gut/zufrieden

○ erschöpft   ○ unzufrieden   ○ _____

Was ist heute geschehen? _____

_____

_____

_____

Was hätte ich besser machen können? _____

_____

Was war richtig toll heute? _____

_____

_____

_____

Meine Erkenntnisse/was ändere ich ab morgen/demnächst _____

_____

_____

Alles in allem war es ein guter Tag, an den ich mich gern erinnere?

JA ○   es geht so ○   NEIN ○   ich bin glücklich ○

Datum _____

Meine Aufgaben heute _____

_____

_____

erledigt

Der Tag könnte mich überraschen mit

_____

_____

So beginne ich den Tag   tolles Gefühl
 gut gelaunt   glücklich   unwohl   zufrieden

_____   _____

Der Tag endet nun. Ich fühle mich   wohl/gut/zufrieden
 erschöpft   unzufrieden   _____

Was ist heute geschehen? _____

_____

_____

Was hätte ich besser machen können? _____

_____

Was war richtig toll heute? _____

_____

_____

Meine Erkenntnisse/was ändere ich ab morgen/demnächst _____

_____

Alles in allem war es ein guter Tag, an den ich mich gern erinnere?
JA   es geht so   NEIN   ich bin glücklich

Datum _____   erledigt

Meine Aufgaben heute _____

_____

_____

Der Tag könnte mich überraschen mit

_____

_____

So beginne ich den Tag   ○ tolles Gefühl
○ gut gelaunt   ○ glücklich   ○ unwohl   ○ zufrieden

○ _____   ○ _____

Der Tag endet nun. Ich fühle mich   ○ wohl/gut/zufrieden
○ erschöpft   ○ unzufrieden   ○ _____

Was ist heute geschehen? _____

_____

_____

_____

Was hätte ich besser machen können? _____

_____

Was war richtig toll heute? _____

_____

_____

_____

Meine Erkenntnisse/was ändere ich ab morgen/demnächst _____

_____

_____

Alles in allem war es ein guter Tag, an den ich mich gern erinnere?
JA ○   es geht so ○   NEIN ○   ich bin glücklich ○

Datum _____

Meine Aufgaben heute _____

_____

_____

Der Tag könnte mich überraschen mit

_____

_____

So beginne ich den Tag   ⬤ tolles Gefühl
⬤ gut gelaunt   ⬤ glücklich   ⬤ unwohl   ⬤ zufrieden

⬤ _____   ⬤ _____

Der Tag endet nun. Ich fühle mich   ⬤ wohl/gut/zufrieden
⬤ erschöpft   ⬤ unzufrieden   ⬤ _____

Was ist heute geschehen? _____

_____

_____

_____

Was hätte ich besser machen können? _____

_____

Was war richtig toll heute? _____

_____

_____

_____

Meine Erkenntnisse/was ändere ich ab morgen/demnächst _____

_____

_____

Alles in allem war es ein guter Tag, an den ich mich gern erinnere?
JA ⬤   es geht so ⬤   NEIN ⬤   ich bin glücklich ⬤

Datum _____   erledigt

Meine Aufgaben heute _____

_____

_____

Der Tag könnte mich überraschen mit

_____

_____

So beginne ich den Tag   ○ tolles Gefühl

○ gut gelaunt   ○ glücklich   ○ unwohl   ○ zufrieden

○ _____   ○ _____

Der Tag endet nun. Ich fühle mich ○ wohl/gut/zufrieden

○ erschöpft   ○ unzufrieden   ○ _____

Was ist heute geschehen? _____

_____

_____

_____

Was hätte ich besser machen können? _____

_____

Was war richtig toll heute? _____

_____

_____

_____

Meine Erkenntnisse/was ändere ich ab morgen/demnächst _____

_____

_____

Alles in allem war es ein guter Tag, an den ich mich gern erinnere?

JA ○   es geht so ○   NEIN ○   ich bin glücklich ○

Datum _____   erledigt

Meine Aufgaben heute _____

_____

_____

Der Tag könnte mich überraschen mit

_____

_____

So beginne ich den Tag   tolles Gefühl
  gut gelaunt   glücklich   unwohl   zufrieden

  _____   _____

Der Tag endet nun. Ich fühle mich   wohl/gut/zufrieden
  erschöpft   unzufrieden   _____

Was ist heute geschehen? _____

_____

_____

_____

Was hätte ich besser machen können? _____

_____

Was war richtig toll heute? _____

_____

_____

_____

Meine Erkenntnisse/was ändere ich ab morgen/demnächst _____

_____

_____

Alles in allem war es ein guter Tag, an den ich mich gern erinnere?
JA   es geht so   NEIN   ich bin glücklich

Datum _____   erledigt

Meine Aufgaben heute _____

_____

_____

Der Tag könnte mich überraschen mit

_____

_____

So beginne ich den Tag   tolles Gefühl

gut gelaunt   glücklich   unwohl   zufrieden

_____   _____

Der Tag endet nun. Ich fühle mich   wohl/gut/zufrieden

erschöpft   unzufrieden   _____

Was ist heute geschehen? _____

_____

_____

_____

Was hätte ich besser machen können? _____

_____

Was war richtig toll heute? _____

_____

_____

_____

Meine Erkenntnisse/was ändere ich ab morgen/demnächst _____

_____

_____

Alles in allem war es ein guter Tag, an den ich mich gern erinnere?

JA   es geht so   NEIN   ich bin glücklich

Datum _____

Meine Aufgaben heute _____

_____

_____

erledigt

Der Tag könnte mich überraschen mit

_____

_____

So beginne ich den Tag   tolles Gefühl

 gut gelaunt   glücklich   unwohl   zufrieden

 _____   _____

Der Tag endet nun. Ich fühle mich wohl/gut/zufrieden

 erschöpft   unzufrieden _____

Was ist heute geschehen? _____

_____

_____

Was hätte ich besser machen können? _____

_____

Was war richtig toll heute? _____

_____

_____

Meine Erkenntnisse/was ändere ich ab morgen/demnächst _____

_____

Alles in allem war es ein guter Tag, an den ich mich gern erinnere?

JA   es geht so   NEIN   ich bin glücklich

Datum _____   erledigt

Meine Aufgaben heute _____

_____

_____

Der Tag könnte mich überraschen mit

_____

_____

So beginne ich den Tag   ◯ tolles Gefühl
◯ gut gelaunt   ◯ glücklich   ◯ unwohl   ◯ zufrieden

◯ _____   ◯ _____

Der Tag endet nun. Ich fühle mich ◯ wohl/gut/zufrieden
◯ erschöpft   ◯ unzufrieden ◯ _____

Was ist heute geschehen? _____

_____

_____

_____

Was hätte ich besser machen können? _____

_____

Was war richtig toll heute? _____

_____

_____

_____

Meine Erkenntnisse/was ändere ich ab morgen/demnächst _____

_____

_____

Alles in allem war es ein guter Tag, an den ich mich gern erinnere?
JA ◯   es geht so ◯   NEIN ◯   ich bin glücklich ◯

Datum _____   erledigt

Meine Aufgaben heute _____

_____

_____

Der Tag könnte mich überraschen mit

_____

_____

So beginne ich den Tag   ● tolles Gefühl
● gut gelaunt   ● glücklich   ● unwohl   ● zufrieden

●_____   ●_____

Der Tag endet nun. Ich fühle mich ● wohl/gut/zufrieden
● erschöpft   ● unzufrieden ●_____

Was ist heute geschehen? _____

_____

_____

_____

Was hätte ich besser machen können? _____

_____

Was war richtig toll heute? _____

_____

_____

_____

Meine Erkenntnisse/was ändere ich ab morgen/demnächst _____

_____

_____

Alles in allem war es ein guter Tag, an den ich mich gern erinnere?
JA ●   es geht so ●   NEIN ●   ich bin glücklich ●

Datum _____

Meine Aufgaben heute _____

_____

_____

Der Tag könnte mich überraschen mit

_____

_____

So beginne ich den Tag   ○ tolles Gefühl

○ gut gelaunt   ○ glücklich   ○ unwohl   ○ zufrieden

○ _____   ○ _____

Der Tag endet nun. Ich fühle mich   ○ wohl/gut/zufrieden

○ erschöpft   ○ unzufrieden   ○ _____

Was ist heute geschehen? _____

_____

_____

_____

Was hätte ich besser machen können? _____

_____

Was war richtig toll heute? _____

_____

_____

_____

Meine Erkenntnisse/was ändere ich ab morgen/demnächst _____

_____

_____

Alles in allem war es ein guter Tag, an den ich mich gern erinnere?

JA ○   es geht so ○   NEIN ○   ich bin glücklich ○

Datum _____

Meine Aufgaben heute _____

_____

_____

erledigt

Der Tag könnte mich überraschen mit

_____

_____

So beginne ich den Tag   ○ tolles Gefühl

○ gut gelaunt   ○ glücklich   ○ unwohl   ○ zufrieden

○ _____   ○ _____

Der Tag endet nun. Ich fühle mich   ○ wohl/gut/zufrieden

○ erschöpft   ○ unzufrieden   ○ _____

Was ist heute geschehen? _____

_____

_____

Was hätte ich besser machen können? _____

_____

Was war richtig toll heute? _____

_____

_____

Meine Erkenntnisse/was ändere ich ab morgen/demnächst _____

_____

_____

Alles in allem war es ein guter Tag, an den ich mich gern erinnere?

JA ○   es geht so ○   NEIN ○   ich bin glücklich ○

Datum _____

Meine Aufgaben heute _____

_____

_____

Der Tag könnte mich überraschen mit

_____

_____

So beginne ich den Tag ○ tolles Gefühl

○ gut gelaunt   ○ glücklich   ○ unwohl   ○ zufrieden

○ _____   ○ _____

Der Tag endet nun. Ich fühle mich ○ wohl/gut/zufrieden

○ erschöpft   ○ unzufrieden   ○ _____

Was ist heute geschehen? _____

_____

_____

_____

Was hätte ich besser machen können? _____

_____

Was war richtig toll heute? _____

_____

_____

_____

Meine Erkenntnisse/was ändere ich ab morgen/demnächst _____

_____

_____

Alles in allem war es ein guter Tag, an den ich mich gern erinnere?

JA ○   es geht so ○   NEIN ○   ich bin glücklich ○

Datum _____   erledigt

Meine Aufgaben heute _____
_____
_____

Der Tag könnte mich überraschen mit
_____
_____

So beginne ich den Tag   ◯ tolles Gefühl
◯ gut gelaunt   ◯ glücklich   ◯ unwohl   ◯ zufrieden
◯ _____   ◯ _____

Der Tag endet nun. Ich fühle mich ◯ wohl/gut/zufrieden
◯ erschöpft   ◯ unzufrieden ◯ _____
Was ist heute geschehen? _____
_____
_____

Was hätte ich besser machen können? _____
_____

Was war richtig toll heute? _____
_____
_____

Meine Erkenntnisse/was ändere ich ab morgen/demnächst _____
_____

Alles in allem war es ein guter Tag, an den ich mich gern erinnere?
JA ◯   es geht so ◯   NEIN ◯   ich bin glücklich ◯

Datum _____   erledigt

Meine Aufgaben heute _____

_____

_____

Der Tag könnte mich überraschen mit

_____

_____

So beginne ich den Tag   tolles Gefühl
gut gelaunt   glücklich   unwohl   zufrieden

_____   _____

Der Tag endet nun. Ich fühle mich   wohl/gut/zufrieden
erschöpft   unzufrieden   _____

Was ist heute geschehen? _____

_____

_____

_____

Was hätte ich besser machen können? _____

_____

Was war richtig toll heute? _____

_____

_____

_____

Meine Erkenntnisse/was ändere ich ab morgen/demnächst _____

_____

_____

Alles in allem war es ein guter Tag, an den ich mich gern erinnere?
JA   es geht so   NEIN   ich bin glücklich

Datum _____   erledigt

Meine Aufgaben heute _____

_____

_____

Der Tag könnte mich überraschen mit

_____

_____

So beginne ich den Tag   ○ tolles Gefühl

○ gut gelaunt   ○ glücklich   ○ unwohl   ○ zufrieden

○ _____   ○ _____

Der Tag endet nun. Ich fühle mich ○ wohl/gut/zufrieden

○ erschöpft   ○ unzufrieden   ○ _____

Was ist heute geschehen? _____

_____

_____

_____

Was hätte ich besser machen können? _____

_____

Was war richtig toll heute? _____

_____

_____

_____

Meine Erkenntnisse/was ändere ich ab morgen/demnächst _____

_____

_____

Alles in allem war es ein guter Tag, an den ich mich gern erinnere?

JA ○   es geht so ○   NEIN ○   ich bin glücklich ○

Datum _____   erledigt

Meine Aufgaben heute _____

_____

_____

Der Tag könnte mich überraschen mit

_____

_____

So beginne ich den Tag   ◯ tolles Gefühl
◯ gut gelaunt   ◯ glücklich   ◯ unwohl   ◯ zufrieden

◯ _____   ◯ _____

Der Tag endet nun. Ich fühle mich ◯ wohl/gut/zufrieden
◯ erschöpft   ◯ unzufrieden ◯ _____

Was ist heute geschehen? _____

_____

_____

Was hätte ich besser machen können? _____

_____

Was war richtig toll heute? _____

_____

_____

Meine Erkenntnisse/was ändere ich ab morgen/demnächst _____

_____

Alles in allem war es ein guter Tag, an den ich mich gern erinnere?
JA ◯   es geht so ◯   NEIN ◯   ich bin glücklich ◯

Datum _____ erledigt

Meine Aufgaben heute _____

_____

_____

Der Tag könnte mich überraschen mit

_____

_____

So beginne ich den Tag ◯ tolles Gefühl

◯ gut gelaunt ◯ glücklich ◯ unwohl ◯ zufrieden

◯_____ ◯_____

Der Tag endet nun. Ich fühle mich ◯ wohl/gut/zufrieden

◯ erschöpft ◯ unzufrieden ◯_____

Was ist heute geschehen? _____

_____

_____

_____

Was hätte ich besser machen können? _____

_____

Was war richtig toll heute? _____

_____

_____

_____

Meine Erkenntnisse/was ändere ich ab morgen/demnächst _____

_____

_____

Alles in allem war es ein guter Tag, an den ich mich gern erinnere?

JA ◯ es geht so ◯ NEIN ◯ ich bin glücklich ◯

Datum _____

Meine Aufgaben heute _____

_____

_____

erledigt

Der Tag könnte mich überraschen mit

_____

_____

So beginne ich den Tag   tolles Gefühl

⬤ gut gelaunt   ⬤ glücklich   ⬤ unwohl   ⬤ zufrieden

⬤ _____   ⬤ _____

Der Tag endet nun. Ich fühle mich   ⬤ wohl/gut/zufrieden

⬤ erschöpft   ⬤ unzufrieden   ⬤ _____

Was ist heute geschehen? _____

_____

_____

_____

Was hätte ich besser machen können? _____

_____

Was war richtig toll heute? _____

_____

_____

_____

Meine Erkenntnisse/was ändere ich ab morgen/demnächst _____

_____

_____

Alles in allem war es ein guter Tag, an den ich mich gern erinnere?

JA ⬤   es geht so ⬤   NEIN ⬤   ich bin glücklich ⬤

Datum _____   erledigt

Meine Aufgaben heute _____

_____ ○

_____ ○

                                                         ○

Der Tag könnte mich überraschen mit

_____

_____

So beginne ich den Tag   ○ tolles Gefühl
○ gut gelaunt   ○ glücklich   ○ unwohl   ○ zufrieden

○ _____   ○ _____

Der Tag endet nun. Ich fühle mich   ○ wohl/gut/zufrieden
○ erschöpft   ○ unzufrieden   ○ _____

Was ist heute geschehen? _____

_____

_____

Was hätte ich besser machen können? _____

_____

Was war richtig toll heute? _____

_____

_____

Meine Erkenntnisse/was ändere ich ab morgen/demnächst _____

_____

_____

Alles in allem war es ein guter Tag, an den ich mich gern erinnere?
JA ○   es geht so ○   NEIN ○   ich bin glücklich ○

Datum _____   erledigt

Meine Aufgaben heute _____

_____

_____

Der Tag könnte mich überraschen mit

_____

_____

So beginne ich den Tag   ○ tolles Gefühl

○ gut gelaunt   ○ glücklich   ○ unwohl   ○ zufrieden

○ _____   ○ _____

Der Tag endet nun. Ich fühle mich ○ wohl/gut/zufrieden

○ erschöpft   ○ unzufrieden ○ _____

Was ist heute geschehen? _____

_____

_____

_____

Was hätte ich besser machen können? _____

_____

Was war richtig toll heute? _____

_____

_____

_____

Meine Erkenntnisse/was ändere ich ab morgen/demnächst _____

_____

_____

Alles in allem war es ein guter Tag, an den ich mich gern erinnere?

JA ○   es geht so ○   NEIN ○   ich bin glücklich ○

Datum _____   erledigt

Meine Aufgaben heute _____
_____
_____

Der Tag könnte mich überraschen mit

_____
_____

So beginne ich den Tag   tolles Gefühl
  gut gelaunt   glücklich   unwohl   zufrieden

  _____   _____
Der Tag endet nun. Ich fühle mich   wohl/gut/zufrieden
  erschöpft   unzufrieden   _____
Was ist heute geschehen? _____
_____
_____
_____

Was hätte ich besser machen können? _____
_____

Was war richtig toll heute? _____
_____
_____

Meine Erkenntnisse/was ändere ich ab morgen/demnächst _____
_____
_____

Alles in allem war es ein guter Tag, an den ich mich gern erinnere?
JA   es geht so   NEIN   ich bin glücklich

Datum _____   erledigt

Meine Aufgaben heute _____

_____

_____

Der Tag könnte mich überraschen mit

_____

_____

So beginne ich den Tag   tolles Gefühl
  gut gelaunt   glücklich   unwohl   zufrieden

  _____   _____

Der Tag endet nun. Ich fühle mich   wohl/gut/zufrieden
  erschöpft   unzufrieden   _____

Was ist heute geschehen? _____

_____

_____

_____

Was hätte ich besser machen können? _____

_____

Was war richtig toll heute? _____

_____

_____

_____

Meine Erkenntnisse/was ändere ich ab morgen/demnächst _____

_____

_____

Alles in allem war es ein guter Tag, an den ich mich gern erinnere?
JA   es geht so   NEIN   ich bin glücklich

Datum _____   erledigt

Meine Aufgaben heute _____

_____

_____

Der Tag könnte mich überraschen mit

_____

_____

So beginne ich den Tag   ○ tolles Gefühl
○ gut gelaunt   ○ glücklich   ○ unwohl   ○ zufrieden

○ _____   ○ _____

Der Tag endet nun. Ich fühle mich   ○ wohl/gut/zufrieden
○ erschöpft   ○ unzufrieden   ○ _____

Was ist heute geschehen? _____

_____

_____

Was hätte ich besser machen können? _____

_____

Was war richtig toll heute? _____

_____

_____

Meine Erkenntnisse/was ändere ich ab morgen/demnächst _____

_____

_____

Alles in allem war es ein guter Tag, an den ich mich gern erinnere?
JA ○   es geht so ○   NEIN ○   ich bin glücklich ○

Datum _____   erledigt

Meine Aufgaben heute _____

_____

_____

Der Tag könnte mich überraschen mit

_____

_____

So beginne ich den Tag   ◯ tolles Gefühl
◯ gut gelaunt ◯ glücklich ◯ unwohl ◯ zufrieden

◯ _____   ◯ _____

Der Tag endet nun. Ich fühle mich ◯ wohl/gut/zufrieden
◯ erschöpft ◯ unzufrieden ◯ _____

Was ist heute geschehen? _____

_____

_____

Was hätte ich besser machen können? _____

_____

Was war richtig toll heute? _____

_____

_____

Meine Erkenntnisse/was ändere ich ab morgen/demnächst _____

_____

Alles in allem war es ein guter Tag, an den ich mich gern erinnere?
JA ◯   es geht so ◯   NEIN ◯   ich bin glücklich ◯

Datum _____   erledigt

Meine Aufgaben heute _____

_____

_____

Der Tag könnte mich überraschen mit

_____

_____

So beginne ich den Tag   ● tolles Gefühl

● gut gelaunt   ● glücklich   ● unwohl   ● zufrieden

● _____   ● _____

Der Tag endet nun. Ich fühle mich   ● wohl/gut/zufrieden

● erschöpft   ● unzufrieden   ● _____

Was ist heute geschehen? _____

_____

_____

Was hätte ich besser machen können? _____

_____

Was war richtig toll heute? _____

_____

_____

Meine Erkenntnisse/was ändere ich ab morgen/demnächst _____

_____

_____

Alles in allem war es ein guter Tag, an den ich mich gern erinnere?

JA ●   es geht so ●   NEIN ●   ich bin glücklich ●

Datum _____   erledigt

Meine Aufgaben heute _____

_____

_____

Der Tag könnte mich überraschen mit

_____

_____

So beginne ich den Tag   ◯ tolles Gefühl
◯ gut gelaunt   ◯ glücklich   ◯ unwohl   ◯ zufrieden

◯ _____   ◯ _____

Der Tag endet nun. Ich fühle mich ◯ wohl/gut/zufrieden
◯ erschöpft   ◯ unzufrieden ◯ _____

Was ist heute geschehen? _____

_____

_____

_____

Was hätte ich besser machen können? _____

_____

Was war richtig toll heute? _____

_____

_____

_____

Meine Erkenntnisse/was ändere ich ab morgen/demnächst _____

_____

_____

Alles in allem war es ein guter Tag, an den ich mich gern erinnere?
JA ◯   es geht so ◯   NEIN ◯   ich bin glücklich ◯

Datum _____

Meine Aufgaben heute _____

_____

_____

erledigt

Der Tag könnte mich überraschen mit

_____

_____

So beginne ich den Tag   ◯ tolles Gefühl

◯ gut gelaunt   ◯ glücklich   ◯ unwohl   ◯ zufrieden

◯ _____   ◯ _____

Der Tag endet nun. Ich fühle mich ◯ wohl/gut/zufrieden

◯ erschöpft   ◯ unzufrieden ◯ _____

Was ist heute geschehen? _____

_____

_____

Was hätte ich besser machen können? _____

_____

Was war richtig toll heute? _____

_____

_____

Meine Erkenntnisse/was ändere ich ab morgen/demnächst _____

_____

_____

Alles in allem war es ein guter Tag, an den ich mich gern erinnere?

JA ◯   es geht so ◯   NEIN ◯   ich bin glücklich ◯

Datum _____   erledigt

Meine Aufgaben heute _____

_____

_____

Der Tag könnte mich überraschen mit

_____

_____

So beginne ich den Tag   ◯ tolles Gefühl
◯ gut gelaunt   ◯ glücklich   ◯ unwohl   ◯ zufrieden

◯ _____   ◯ _____

Der Tag endet nun. Ich fühle mich ◯ wohl/gut/zufrieden
◯ erschöpft   ◯ unzufrieden ◯ _____

Was ist heute geschehen? _____

_____

_____

_____

Was hätte ich besser machen können? _____

_____

Was war richtig toll heute? _____

_____

_____

_____

Meine Erkenntnisse/was ändere ich ab morgen/demnächst _____

_____

_____

Alles in allem war es ein guter Tag, an den ich mich gern erinnere?
JA ◯   es geht so ◯   NEIN ◯   ich bin glücklich ◯

Datum _____

Meine Aufgaben heute _____

_____

_____

erledigt

Der Tag könnte mich überraschen mit

_____

_____

So beginne ich den Tag   ● tolles Gefühl
● gut gelaunt ● glücklich ● unwohl   ● zufrieden

● _____   ● _____

Der Tag endet nun. Ich fühle mich ● wohl/gut/zufrieden
● erschöpft   ● unzufrieden ● _____

Was ist heute geschehen? _____

_____

_____

Was hätte ich besser machen können? _____

_____

Was war richtig toll heute? _____

_____

_____

Meine Erkenntnisse/was ändere ich ab morgen/demnächst _____

_____

_____

Alles in allem war es ein guter Tag, an den ich mich gern erinnere?
JA ●   es geht so ●   NEIN ●   ich bin glücklich ●

Datum _____   erledigt

Meine Aufgaben heute _____

_____

_____

Der Tag könnte mich überraschen mit

_____

_____

So beginne ich den Tag   tolles Gefühl
gut gelaunt   glücklich   unwohl   zufrieden

_____   _____

Der Tag endet nun. Ich fühle mich   wohl/gut/zufrieden
erschöpft   unzufrieden   _____

Was ist heute geschehen? _____

_____

_____

_____

Was hätte ich besser machen können? _____

_____

Was war richtig toll heute? _____

_____

_____

_____

Meine Erkenntnisse/was ändere ich ab morgen/demnächst _____

_____

_____

Alles in allem war es ein guter Tag, an den ich mich gern erinnere?
JA   es geht so   NEIN   ich bin glücklich

Datum _____

Meine Aufgaben heute _____

erledigt

_____ ●

_____ ●

●

Der Tag könnte mich überraschen mit

_____

_____

So beginne ich den Tag   ● tolles Gefühl

● gut gelaunt   ● glücklich   ● unwohl   ● zufrieden

● _____   ● _____

Der Tag endet nun. Ich fühle mich   ● wohl/gut/zufrieden

● erschöpft   ● unzufrieden   ● _____

Was ist heute geschehen? _____

_____

_____

_____

Was hätte ich besser machen können? _____

_____

Was war richtig toll heute? _____

_____

_____

_____

Meine Erkenntnisse/was ändere ich ab morgen/demnächst _____

_____

_____

Alles in allem war es ein guter Tag, an den ich mich gern erinnere?

JA ●   es geht so ●   NEIN ●   ich bin glücklich ●

Datum _____   erledigt

Meine Aufgaben heute _____

_____

_____

Der Tag könnte mich überraschen mit

_____

_____

So beginne ich den Tag   ● tolles Gefühl
● gut gelaunt   ● glücklich   ● unwohl   ● zufrieden

● _____   ● _____

Der Tag endet nun. Ich fühle mich ● wohl/gut/zufrieden
● erschöpft   ● unzufrieden   ● _____

Was ist heute geschehen? _____

_____

_____

_____

Was hätte ich besser machen können? _____

_____

Was war richtig toll heute? _____

_____

_____

_____

Meine Erkenntnisse/was ändere ich ab morgen/demnächst _____

_____

_____

Alles in allem war es ein guter Tag, an den ich mich gern erinnere?
JA ●   es geht so ●   NEIN ●   ich bin glücklich ●

Datum _____ erledigt

Meine Aufgaben heute _____

_____

_____

Der Tag könnte mich überraschen mit

_____

_____

So beginne ich den Tag ● tolles Gefühl

● gut gelaunt ● glücklich ● unwohl ● zufrieden

● _____ ● _____

Der Tag endet nun. Ich fühle mich ● wohl/gut/zufrieden

● erschöpft ● unzufrieden ● _____

Was ist heute geschehen? _____

_____

_____

_____

Was hätte ich besser machen können? _____

_____

Was war richtig toll heute? _____

_____

_____

_____

Meine Erkenntnisse/was ändere ich ab morgen/demnächst _____

_____

_____

Alles in allem war es ein guter Tag, an den ich mich gern erinnere?

JA ● es geht so ● NEIN ● ich bin glücklich ●

Datum _____

Meine Aufgaben heute _____

_____

_____

erledigt

Der Tag könnte mich überraschen mit

_____

_____

So beginne ich den Tag ◯ tolles Gefühl

◯ gut gelaunt ◯ glücklich ◯ unwohl ◯ zufrieden

◯ _____ ◯ _____

Der Tag endet nun. Ich fühle mich ◯ wohl/gut/zufrieden

◯ erschöpft ◯ unzufrieden ◯ _____

Was ist heute geschehen? _____

_____

_____

Was hätte ich besser machen können? _____

_____

Was war richtig toll heute? _____

_____

_____

Meine Erkenntnisse/was ändere ich ab morgen/demnächst _____

_____

_____

Alles in allem war es ein guter Tag, an den ich mich gern erinnere?

JA ◯ es geht so ◯ NEIN ◯ ich bin glücklich ◯

Datum _____   erledigt

Meine Aufgaben heute _____

_____

_____

Der Tag könnte mich überraschen mit

_____

_____

So beginne ich den Tag   ◯ tolles Gefühl

◯ gut gelaunt   ◯ glücklich   ◯ unwohl   ◯ zufrieden

◯ _____   ◯ _____

Der Tag endet nun. Ich fühle mich   ◯ wohl/gut/zufrieden

◯ erschöpft   ◯ unzufrieden   ◯ _____

Was ist heute geschehen? _____

_____

_____

_____

Was hätte ich besser machen können? _____

_____

Was war richtig toll heute? _____

_____

_____

_____

Meine Erkenntnisse/was ändere ich ab morgen/demnächst _____

_____

_____

Alles in allem war es ein guter Tag, an den ich mich gern erinnere?

JA ◯   es geht so ◯   NEIN ◯   ich bin glücklich ◯

Datum _____   erledigt

Meine Aufgaben heute _____

_____

_____

Der Tag könnte mich überraschen mit

_____

_____

So beginne ich den Tag   ● tolles Gefühl
● gut gelaunt   ● glücklich   ● unwohl   ● zufrieden

● _____   ● _____

Der Tag endet nun. Ich fühle mich ● wohl/gut/zufrieden
● erschöpft   ● unzufrieden ● _____

Was ist heute geschehen? _____

_____

_____

_____

Was hätte ich besser machen können? _____

_____

Was war richtig toll heute? _____

_____

_____

_____

Meine Erkenntnisse/was ändere ich ab morgen/demnächst _____

_____

_____

Alles in allem war es ein guter Tag, an den ich mich gern erinnere?
JA ●   es geht so ●   NEIN ●   ich bin glücklich ●

Datum _____   erledigt

Meine Aufgaben heute _____

_____

_____

Der Tag könnte mich überraschen mit

_____

_____

So beginne ich den Tag   tolles Gefühl

  gut gelaunt   glücklich   unwohl   zufrieden

  _____   _____

Der Tag endet nun. Ich fühle mich   wohl/gut/zufrieden

  erschöpft   unzufrieden   _____

Was ist heute geschehen? _____

_____

_____

Was hätte ich besser machen können? _____

_____

Was war richtig toll heute? _____

_____

_____

Meine Erkenntnisse/was ändere ich ab morgen/demnächst _____

_____

_____

Alles in allem war es ein guter Tag, an den ich mich gern erinnere?

JA   es geht so   NEIN   ich bin glücklich

Datum _____   erledigt

Meine Aufgaben heute _____

_____

_____

Der Tag könnte mich überraschen mit

_____

_____

So beginne ich den Tag   ○ tolles Gefühl
○ gut gelaunt   ○ glücklich   ○ unwohl   ○ zufrieden

○ _____   ○ _____

Der Tag endet nun. Ich fühle mich   ○ wohl/gut/zufrieden
○ erschöpft   ○ unzufrieden   ○ _____

Was ist heute geschehen? _____

_____

_____

_____

Was hätte ich besser machen können? _____

_____

Was war richtig toll heute? _____

_____

_____

_____

Meine Erkenntnisse/was ändere ich ab morgen/demnächst _____

_____

_____

Alles in allem war es ein guter Tag, an den ich mich gern erinnere?
JA ○   es geht so ○   NEIN ○   ich bin glücklich ○

Datum _____   erledigt

Meine Aufgaben heute _____

_____

_____

Der Tag könnte mich überraschen mit

_____

_____

So beginne ich den Tag   ○ tolles Gefühl
○ gut gelaunt   ○ glücklich   ○ unwohl   ○ zufrieden

○ _____   ○ _____

Der Tag endet nun. Ich fühle mich ○ wohl/gut/zufrieden

○ erschöpft   ○ unzufrieden ○ _____

Was ist heute geschehen? _____

_____

_____

Was hätte ich besser machen können? _____

_____

Was war richtig toll heute? _____

_____

_____

Meine Erkenntnisse/was ändere ich ab morgen/demnächst _____

_____

_____

Alles in allem war es ein guter Tag, an den ich mich gern erinnere?

JA ○   es geht so ○   NEIN ○   ich bin glücklich ○

Datum _____   erledigt

Meine Aufgaben heute _____
_____
_____

Der Tag könnte mich überraschen mit
_____
_____

So beginne ich den Tag   ○ tolles Gefühl
○ gut gelaunt   ○ glücklich   ○ unwohl   ○ zufrieden
○ _____   ○ _____

Der Tag endet nun. Ich fühle mich ○ wohl/gut/zufrieden
○ erschöpft   ○ unzufrieden   ○ _____

Was ist heute geschehen? _____
_____
_____
_____

Was hätte ich besser machen können? _____
_____

Was war richtig toll heute? _____
_____
_____
_____

Meine Erkenntnisse/was ändere ich ab morgen/demnächst _____
_____
_____

Alles in allem war es ein guter Tag, an den ich mich gern erinnere?
JA ○   es geht so ○   NEIN ○   ich bin glücklich ○

Datum _____   erledigt

Meine Aufgaben heute _____

_____

_____

Der Tag könnte mich überraschen mit

_____

_____

So beginne ich den Tag   ○ tolles Gefühl
○ gut gelaunt   ○ glücklich   ○ unwohl   ○ zufrieden

○ _____   ○ _____

Der Tag endet nun. Ich fühle mich ○ wohl/gut/zufrieden
○ erschöpft   ○ unzufrieden ○ _____

Was ist heute geschehen? _____

_____

_____

_____

Was hätte ich besser machen können? _____

_____

Was war richtig toll heute? _____

_____

_____

_____

Meine Erkenntnisse/was ändere ich ab morgen/demnächst _____

_____

_____

Alles in allem war es ein guter Tag, an den ich mich gern erinnere?
JA ○   es geht so ○   NEIN ○   ich bin glücklich ○

Datum _____

Meine Aufgaben heute _____

_____

_____

Der Tag könnte mich überraschen mit

_____

_____

So beginne ich den Tag ● tolles Gefühl
● gut gelaunt ● glücklich ● unwohl ● zufrieden

● _____ ● _____

Der Tag endet nun. Ich fühle mich ● wohl/gut/zufrieden
● erschöpft ● unzufrieden ● _____

Was ist heute geschehen? _____

_____

_____

Was hätte ich besser machen können? _____

_____

Was war richtig toll heute? _____

_____

_____

Meine Erkenntnisse/was ändere ich ab morgen/demnächst _____

_____

_____

Alles in allem war es ein guter Tag, an den ich mich gern erinnere?
JA ●   es geht so ●   NEIN ●   ich bin glücklich ●

Datum _____

Meine Aufgaben heute _____

_____

_____

erledigt

Der Tag könnte mich überraschen mit

_____

_____

So beginne ich den Tag   tolles Gefühl

 gut gelaunt   glücklich   unwohl   zufrieden

 _____   _____

Der Tag endet nun. Ich fühle mich   wohl/gut/zufrieden

 erschöpft   unzufrieden   _____

Was ist heute geschehen? _____

_____

_____

Was hätte ich besser machen können? _____

_____

Was war richtig toll heute? _____

_____

_____

Meine Erkenntnisse/was ändere ich ab morgen/demnächst _____

_____

_____

Alles in allem war es ein guter Tag, an den ich mich gern erinnere?

JA   es geht so   NEIN   ich bin glücklich

Datum _____   erledigt

Meine Aufgaben heute _____

_____

_____

Der Tag könnte mich überraschen mit

_____

_____

So beginne ich den Tag   ◯ tolles Gefühl
◯ gut gelaunt   ◯ glücklich   ◯ unwohl   ◯ zufrieden
◯ _____   ◯ _____

Der Tag endet nun. Ich fühle mich ◯ wohl/gut/zufrieden
◯ erschöpft   ◯ unzufrieden   ◯ _____
Was ist heute geschehen? _____

_____

_____

Was hätte ich besser machen können? _____

_____

Was war richtig toll heute? _____

_____

_____

Meine Erkenntnisse/was ändere ich ab morgen/demnächst _____

_____

Alles in allem war es ein guter Tag, an den ich mich gern erinnere?
JA ◯   es geht so ◯   NEIN ◯   ich bin glücklich ◯

Datum _____

Meine Aufgaben heute _____

_____

_____

erledigt

Der Tag könnte mich überraschen mit

_____

_____

So beginne ich den Tag ⚪ tolles Gefühl
⚪ gut gelaunt ⚪ glücklich ⚪ unwohl ⚪ zufrieden

⚪ _____ ⚪ _____

Der Tag endet nun. Ich fühle mich ⚪ wohl/gut/zufrieden
⚪ erschöpft ⚪ unzufrieden ⚪ _____

Was ist heute geschehen? _____

_____

_____

_____

Was hätte ich besser machen können? _____

_____

Was war richtig toll heute? _____

_____

_____

_____

Meine Erkenntnisse/was ändere ich ab morgen/demnächst _____

_____

_____

Alles in allem war es ein guter Tag, an den ich mich gern erinnere?
JA ⚪ es geht so ⚪ NEIN ⚪ ich bin glücklich ⚪

Datum _____   erledigt

Meine Aufgaben heute _____

_____   ●

_____   ●

                                                     ●

Der Tag könnte mich überraschen mit

_____

_____

So beginne ich den Tag   ● tolles Gefühl
● gut gelaunt   ● glücklich   ● unwohl   ● zufrieden

● _____   ● _____

Der Tag endet nun. Ich fühle mich ● wohl/gut/zufrieden

● erschöpft   ● unzufrieden   ● _____

Was ist heute geschehen? _____

_____

_____

_____

Was hätte ich besser machen können? _____

_____

Was war richtig toll heute? _____

_____

_____

_____

Meine Erkenntnisse/was ändere ich ab morgen/demnächst _____

_____

_____

Alles in allem war es ein guter Tag, an den ich mich gern erinnere?

JA ●   es geht so ●   NEIN ●   ich bin glücklich ●

Datum _____   erledigt

Meine Aufgaben heute _____
_____
_____

Der Tag könnte mich überraschen mit

_____
_____

So beginne ich den Tag   ● tolles Gefühl
● gut gelaunt   ● glücklich   ● unwohl   ● zufrieden
● _____   _____

Der Tag endet nun. Ich fühle mich ● wohl/gut/zufrieden
● erschöpft   ● unzufrieden   ● _____

Was ist heute geschehen? _____
_____
_____
_____

Was hätte ich besser machen können? _____
_____

Was war richtig toll heute? _____
_____
_____

Meine Erkenntnisse/was ändere ich ab morgen/demnächst _____
_____
_____

Alles in allem war es ein guter Tag, an den ich mich gern erinnere?
JA ●   es geht so ●   NEIN ●   ich bin glücklich ●

Datum _____

Meine Aufgaben heute _____

_____

_____

erledigt

Der Tag könnte mich überraschen mit

_____

_____

So beginne ich den Tag   ○ tolles Gefühl
○ gut gelaunt   ○ glücklich   ○ unwohl   ○ zufrieden

○ _____   ○ _____

Der Tag endet nun. Ich fühle mich ○ wohl/gut/zufrieden
○ erschöpft   ○ unzufrieden ○ _____

Was ist heute geschehen? _____

_____

_____

_____

Was hätte ich besser machen können? _____

_____

Was war richtig toll heute? _____

_____

_____

Meine Erkenntnisse/was ändere ich ab morgen/demnächst _____

_____

_____

Alles in allem war es ein guter Tag, an den ich mich gern erinnere?
JA ○   es geht so ○   NEIN ○   ich bin glücklich ○

Datum _____

erledigt

Meine Aufgaben heute _____

_____

_____

Der Tag könnte mich überraschen mit

_____

_____

So beginne ich den Tag   tolles Gefühl

gut gelaunt   glücklich   unwohl   zufrieden

_____   _____

Der Tag endet nun. Ich fühle mich   wohl/gut/zufrieden

erschöpft   unzufrieden   _____

Was ist heute geschehen? _____

_____

_____

_____

Was hätte ich besser machen können? _____

_____

Was war richtig toll heute? _____

_____

_____

Meine Erkenntnisse/was ändere ich ab morgen/demnächst _____

_____

_____

Alles in allem war es ein guter Tag, an den ich mich gern erinnere?

JA   es geht so   NEIN   ich bin glücklich

Datum _____

Meine Aufgaben heute _____

_____

_____

Der Tag könnte mich überraschen mit

_____

_____

So beginne ich den Tag   ● tolles Gefühl
● gut gelaunt   ● glücklich   ● unwohl   ● zufrieden

● _____   ● _____

Der Tag endet nun. Ich fühle mich ● wohl/gut/zufrieden
● erschöpft   ● unzufrieden ● _____

Was ist heute geschehen? _____

_____

_____

_____

Was hätte ich besser machen können? _____

_____

Was war richtig toll heute? _____

_____

_____

_____

Meine Erkenntnisse/was ändere ich ab morgen/demnächst _____

_____

_____

Alles in allem war es ein guter Tag, an den ich mich gern erinnere?
JA ●   es geht so ●   NEIN ●   ich bin glücklich ●

Datum _____   erledigt

Meine Aufgaben heute _____

_____

_____

Der Tag könnte mich überraschen mit

_____

_____

So beginne ich den Tag   ● tolles Gefühl
● gut gelaunt   ● glücklich   ● unwohl   ● zufrieden

●_____   ●_____

Der Tag endet nun. Ich fühle mich   ● wohl/gut/zufrieden
● erschöpft   ● unzufrieden   ●_____

Was ist heute geschehen? _____

_____

_____

_____

Was hätte ich besser machen können? _____

_____

Was war richtig toll heute? _____

_____

_____

_____

Meine Erkenntnisse/was ändere ich ab morgen/demnächst _____

_____

_____

Alles in allem war es ein guter Tag, an den ich mich gern erinnere?
JA ●   es geht so ●   NEIN ●   ich bin glücklich ●

Datum _____   erledigt

Meine Aufgaben heute _____

_____

_____

Der Tag könnte mich überraschen mit

_____

_____

So beginne ich den Tag   ○ tolles Gefühl
○ gut gelaunt   ○ glücklich   ○ unwohl   ○ zufrieden

○ _____   ○ _____

Der Tag endet nun. Ich fühle mich ○ wohl/gut/zufrieden
○ erschöpft   ○ unzufrieden   ○ _____

Was ist heute geschehen? _____

_____

_____

_____

Was hätte ich besser machen können? _____

_____

Was war richtig toll heute? _____

_____

_____

_____

Meine Erkenntnisse/was ändere ich ab morgen/demnächst _____

_____

_____

Alles in allem war es ein guter Tag, an den ich mich gern erinnere?
JA ○   es geht so ○   NEIN ○   ich bin glücklich ○

Datum _____   erledigt

Meine Aufgaben heute _____

_____

_____

Der Tag könnte mich überraschen mit

_____

_____

So beginne ich den Tag   ○ tolles Gefühl

○ gut gelaunt   ○ glücklich   ○ unwohl   ○ zufrieden

○ _____   ○ _____

Der Tag endet nun. Ich fühle mich   ○ wohl/gut/zufrieden

○ erschöpft   ○ unzufrieden   ○ _____

Was ist heute geschehen? _____

_____

_____

_____

Was hätte ich besser machen können? _____

_____

Was war richtig toll heute? _____

_____

_____

Meine Erkenntnisse/was ändere ich ab morgen/demnächst _____

_____

_____

Alles in allem war es ein guter Tag, an den ich mich gern erinnere?

JA ○   es geht so ○   NEIN ○   ich bin glücklich ○

Datum _____   erledigt

Meine Aufgaben heute _____

_____ ○

_____ ○

○

Der Tag könnte mich überraschen mit

_____

_____

So beginne ich den Tag   ○ tolles Gefühl

○ gut gelaunt   ○ glücklich   ○ unwohl   ○ zufrieden

○ _____   ○ _____

Der Tag endet nun. Ich fühle mich ○ wohl/gut/zufrieden

○ erschöpft   ○ unzufrieden ○ _____

Was ist heute geschehen? _____

_____

_____

_____

Was hätte ich besser machen können? _____

_____

Was war richtig toll heute? _____

_____

_____

_____

Meine Erkenntnisse/was ändere ich ab morgen/demnächst _____

_____

_____

Alles in allem war es ein guter Tag, an den ich mich gern erinnere?

JA ○   es geht so ○   NEIN ○   ich bin glücklich ○

Datum _____   erledigt

Meine Aufgaben heute _____

_____

_____

Der Tag könnte mich überraschen mit

_____

_____

So beginne ich den Tag   ◯ tolles Gefühl
◯ gut gelaunt   ◯ glücklich   ◯ unwohl   ◯ zufrieden

◯_____   ◯_____

Der Tag endet nun. Ich fühle mich ◯ wohl/gut/zufrieden
◯ erschöpft   ◯ unzufrieden   ◯_____

Was ist heute geschehen? _____

_____

_____

_____

Was hätte ich besser machen können? _____

_____

Was war richtig toll heute? _____

_____

_____

Meine Erkenntnisse/was ändere ich ab morgen/demnächst _____

_____

_____

Alles in allem war es ein guter Tag, an den ich mich gern erinnere?
JA ◯   es geht so ◯   NEIN ◯   ich bin glücklich ◯